CATALOGUE

D'UNE BELLE COLLECTION

D'AUTOGRAPHES

DONT LA VENTE AURA LIEU

RUE DES BONS-ENFANTS, 28,

maison Silvestre, salle n° 4,

le lundi 16 mai 1859, à sept heures du soir,

Par le ministère de M° BAUDRY, Commissaire-Priseur, rue Sainte-Anne, 69,
Assisté de M. CHARAVAY.

PARIS

CHARAVAY, LIBRAIRE, EXPERT EN AUTOGRAPHES, RUE DE SEINE, 53.

1859.

AVIS.

Il y aura exposition d'une heure à trois.

On aura huit jours pour la vérification des pièces. Passé ce délai, aucune réclamation ne sera admise.

Les acquéreurs paieront 5 pour cent en sus du prix d'adjudication.

M. Charavay remplira les commissions qu'on voudra bien lui confier.

D'AUTOGRAPHES.

1. ACADÉMIE FRANÇAISE. Cinq l. aut. sig.
Ballanche, 1 p. in-8. — Choiseul Gouffier, 1 p. 1/2 in-4. — Dacier, 1 p. in-4. — Dupin aîné, 1 p. in-8. — Mignet. 2 p. in-8.

2. ACTRICES. Quatre l. aut. sig.
Falcon (Mlle Jenny), 10 p. in-8. Jolie lettre. — Montano (Mme), cantatrice. 1822. 2 p. in-4. *Rare*. — Minoi (Clarisse), 1856. 1 p. in-8. — Taccani Tasca (la célèbre), cantatrice. 1854. 2 p. in-8. Lot très-intéressant.

3. ACTRICES. Quatre l. aut. sig.
Fitzelier (Mlle). 1822. 2 p. in-fol. Jolie lettre. — Gersay (Elisa). 1823. 1 p. in-fol. Curieuse. — Maxime. Copie aut. sig. de vers des *Burgraves* et de *Lucrèce*. 1 p. in-4. — Pauline (Mlle). Des Variétés. 1838. 1 p. in-8. Costume.

4. ACTRICES de divers théâtres de Paris. Quinze l. aut. sig.
Alphonsine, Bérengère, Dobré, Lecomte, Perriga, Thierret, Volet (Émilie), etc. 27 p. in-8. Très-beau lot.

5. ALBERGATI CAPACELLI (Fois, mis D'), sénateur de Bologne, littérateur et auteur dramatique italien.
L. aut. sig. en tête, à Voltaire. Bologne. 30 juin 1764. 17 p. 1/2 in-4. Prose et vers.
Superbe lettre. Véritable macédoine littéraire.

6. ALBITTE (Ant. Louis), membre de la Convention.
L. aut. sig. à son collègue et ami Amar, Briançon 14 messidor an II, 4 p. pl. in-fol. avec tête imprimée des représentants du peuple, près l'armée d'Italie.
Il lui rend compte qu'il a visité l'armée et parcouru tous les sommets des Alpes, et qu'il peut se regarder sous un double rapport comme montagnard. Il lui donne ensuite son opinion sur *Faye*, médecin de l'armée, qui a été rejeté de la société de Grenoble, et qu'il laisse à son poste pour ne pas désorganiser le service... Il relate ensuite les crimes de divers agents de Brissot, et donne son opinion sur Dumolard, Pison Du Galland, ... ils sont sous vos yeux, pour moi je ne demande point vengeance, j'oublierai tout si je les croyais convertis..

7. ALLAMAND. Ministre et écrivain protestant.
L. aut. sig. à Voltaire. Corsier, 19 août 1768. 3 p. in-4.
Très-jolie lettre, où il lui mande qu'il vient de rentrer dans son presbytère, la tête pleine de Fernex et de l'accueil de son trop aimable maître, puis il lui parle de Bolingbroke et de Freret.

8. **LE MÊME.**
   L. aut. sig. au même. 1768. 3 p. in-4. Très-jolie lettre toute philosophique.

9. **LE MÊME.**
   L. aut. sig. *A.*, au même. Bex, 19 août 1755. 4 p. pl. in-4. Prose et vers.
   Très-jolie lettre. Je pille visiblement votre impromptu d'Auteuil; que faire ? C'est la muse d'un prêtre suisse aussi gueuse que sa cure...

10. **ANNE, reine d'Angleterre.**
    Ordre sig. et contresigné par le c^{te} d'Oxford, premier ministre, 15 févr. 1713. 1 p. in-fol. Belle pièce.

11. **ARMÉE D'AFRIQUE, de 1836 à 1852.**
    Correspondance et documents divers relatifs à cette armée. 1° Bugeaud. L. sig. à Horace Vernet. 1844. 1 p. in-4. — Pélissier, m^{al}. Pièce sig. 1853. Extrait d'un rapport du c^{te} Clausel, du 6 janvier 1836, relatif à l'affaire de Mostaganem, etc. 60 pièces, dossier intéressant.

12. **ARTISTES DRAMATIQUES. Quatre l. aut. sig.**
    Aldridge, surnommé le *Roscius africain*, 1854. 1 p. 1/2 in-8, avec portrait. *Rare.* — Egville. Londres 1819. 4 p. in-4. Jolie lettre. — Fechter. 1858. 2 p. in-4. Curieuse. — Parent, acteur de la Gaîté. 1839. 2 p. in-4. Costume. Ce lot pourra être divisé.

13. **ARTISTES DRAMATIQUES. Quatre l. aut. sig.**
    Ballande. 3 p. in-8. Portrait. — Florence. 2 p. in-4. Jolie lettre. — Matis. 1829. 2 p. in-4. — Rézicourt. 1806. 1 p. in-4. Jolie lettre.

14. **ARTISTES DRAMATIQUES. Chanteurs. Quatre l. aut. sig.**
    Bataille. 3 p. in-8. — Hermann Léon. 2 p. 1/2. in-8. — Moreau. 1821. 2 p. 1/2 in-4. Portrait. — Tilly. 1826. 3 p. in-4. Belle lettre.

15. **ARTISTES DRAMATIQUES. Cinq l. aut. sig.**
    Anaïs Aubert. 1 p. 1/4 in-8. — Bernard Léon. 1 p. in-8. — Lepeintre jeune. 1 p. in-12. — Ponchard. 1 p. 1/2 in-8. — Samson. 1 p. in-8.

16. **ARTISTES DRAMATIQUES. Six l. aut. sig.**
    Castellano, Chollet, Neuville, Regnier, Roland et Tisserant, plus 2 portraits. 11 p. in-8 et in-4.

17. **ARTISTES DRAMATIQUES. Quatorze l. aut. sig.**
    Colson, Félix, Lagrange, Luérie, Marié, Tafliago, etc. 22 p. in-8. Lot intéressant.

18. **AUTEURS DRAMATIQUES. Quatre l. aut. sig.**
    Barbier (P. J.). 1853. 1 p. 1/2 in-8. — Grangé (E.). 1847. 2 p. in-8. — Pieyre (Alex.). 3 p. in-8. — Varner. 1827. 2 p. 1/2 in-8. Très-jolies lettres.

19. **AUTEURS DRAMATIQUES. Quatre l. aut. sig.**
    Caignez. 1821. 1 p. pl. in-4. — Cuvelier de Trie. 1818. 1 p. in-4. — Hoffmann. 1820. 2 p. in-4. — Roger, de l'Acad. fr., à M. Villemain. 3 p. in-4. Portrait. Très-jolies lettres.

20. **AUTEURS DRAMATIQUES.** Trois l. aut. sig.
Duport (Paul), à De Laeusanne. Chatillon 1846. 3 p. pl.
in-8. — Roger de Beauvoir. 1849. 1 p. pl. in-8. — Royer
(Alphonse), à Romieu. 1831. 4 p. pl. in-8.
Ces trois lettres sont remplies de détails intéressants.

21. **BARNAVE** (M. J.), célèbre député du Dauphiné à l'Assemblée constituante, décapité en 1793.
Sur l'état des affaires. Pièce politique aut. 3 p. 1/2 in-4.

22. **BARREME** (F^{ois}), célèbre arithméticien, né à Lyon.
L. aut. sig. Paris, 15 mars 1665. 2 p. in-4. *Très-rare.*

23. **BEAULIEU**, célèbre acteur de la Cité. S'est suicidé en
1807.
L. aut. sig. à son fils. 3/4 de p. in-4. *Rare.*

24. **BLIN DE SAINMORE** (Ad. M^{el}), poëte et auteur dramatique.
L. aut. sig. à Voltaire. Paris, 18 mars 1773. 3 p. pl. in-4.
Envoi de son héroïde de la Vallière. Plaintes contre les amis de Voltaire, qui cherchent à lui nuire... Je suis jeune, j'ai du courage et je ne
veux confondre la haine et l'envie, que par mes travaux et ma modé-
ration...

25. **BOLINGBROKE** (Henri St Jean, v^{te} de), célèbre ministre
anglais, auteur de Mémoires.
Pièce sig. 4 février 1713. 1/2 p. in-4. *Rare.*
Ordre de payer 200 livres au ministre anglais en Prusse.

26. **BONAPARTE** (Joseph), roi d'Espagne.
1° L. aut. sig. *Buonaparte.* Port-la-Montagne, an III. 1/2
p. in-4. 2° L. aut. sig. comme roi de Naples. 1807. 3/4 de p.
in-4.

27. **BOURGELAT** (Claude), fondateur des Écoles vétéri-
naires en France, né à Lyon.
L. aut. sig. au ministre. Alfort, 21 décembre 1777. 3 p. 1/2
in-fol. Curieuse.

28. **BRILLAT DE SAVARIN** (Anthelme). Le spirituel auteur
de la *Pysiologie du goût.*
Pièce aut. sig. (1820). 1 p. pl. in-fol.

29. **CAMAILLE St AUBIN**, excellent acteur et auteur dramatique.
L. aut. sig. Châlons-sur-Marne, 16 septembre 1792. 4 p.
pl. in-4.
Parti comme volontaire, il écrit à un ami une lettre brûlante de pa-
triotisme, ...est-il vrai que les brigands, riches et vils courtisans de la
tyrannie, colorée du masque de l'indigne royaute, prisonniers à Orléans, ont été punis de mort à leur arrivée à Paris... Chacun de nous
brûle de rencontrer l'ennemi... la joie, l'ardeur, l'activité qui nous
animent est une flamme dévorante qui ne peut s'éteindre que dans le
sang des tyrans couronnés et de leurs imbéciles et cruels complices...

30. **CANDEILLE** (Pierre J^b), compositeur de musique.
L. aut. sig. aux artistes de l'Opéra national. 12 floréal
an II. 4 p. pl. in-4.
Très-curieuse lettre remplie de sentiments républicains, et dans laquelle il demande à ce que son opéra de *Bratus* soit joué, et qu'on lui
donne l'argent qui lui est dû, dont il a le plus grand besoin.

31. **CATINAT** (N^{as} de), maréchal de France.
L. sig. à M. de Feuquières. Moustiers, 17 avril 1691. 3 p.

in-4. Intéressante lettre relative à la guerre contre le duc de
Savoie.

32. CAVAIGNAC (E.), général, chef du Pouvoir exécutif en
1848.

L. sig. au ministre. Alger, 5 mai 1848. 3 p. in-4.
Très-curieuse lettre dans laquelle il se plaint de quelques fonction-
naires administratifs.

33. CHAMFORT, littérateur, de l'Acad. fr.

Anecdotes sur *Georges II*, milord *Hallifax*, l'acteur
Grandval et le cardinal de *Rohan*. 4 pièces aut. formant en-
semble 38 lignes in-12.

34. CHARLES D'ORLÉANS, c^{te} d'Angoulême, poëte, père
du roi Louis XII

Ordre de paiement sur vélin signé avec 3/4 de ligne aut.
de 1000 livres de monnaie de Normandie, 21 octobre 1458.
in-8 en travers. Jolie pièce *rare*.

35. CHARLES Ier, roi d'Angleterre, décapité en 1649.

Pièce sig. 1638 et contresignée par Jacques Hamilton, com-
pagnon et favori de Charles Ier, mort sur l'échafaud en 1649.
Double in-fol. Belle pièce.

36. LE MÊME.

Pièce sig. 1632. 1 p. in-fol., déchirure à la marge de
gauche n'atteignant pas le texte.

37. LE MÊME.

Pièce sig. sur vélin. Comme prince de Galles, 1619. in-fol.
en travers. Le cachet a peu maculé la pièce, mais cela
n'empêche pas de lire.

38. CHARLES II, roi d'Angleterre.

Ordre sig. et contresigné par lord Arlington, pour le trans-
port de l'échiquier de Londres à Nonsuch, province de Seu-
rey, à cause de l'incendie de Londres en 1666. 4 septembre
1666. 1 p. in-fol. Trace de cachet.

39. LE MÊME.

Ordre sig. et contresigné par Arlington, de payer 100 livres
au Dr Chamberlain. 20 septembre 1669. 1 p. in-fol. Trace de
cachet.

40. LE MÊME.

Ordre sig. contresig. *Danby*, 26 mai (1677). 1 p. in-fol.

41. CHATEAUBRIAND (le v^{te} de), de l'Acad. fr.

L. sig. de *Ch.* à M. Beuchot. Val-de-Loux, 1er mai 1809.
1 p. 1/2 in-4.
Demande de renseignements sur tout ce qui concerne la Grèce... Ap-
portez-moi les journaux, amis ou ennemis qui m'auront *martyrisé* dans
la semaine...

42. CHAULIEU (l'abbé de), poëte, né à Fontenay (Normandie).

L. aut. à (la duchesse de Bouillon). Fontenay, 5 juillet 1708.
4 p. pl. in-4.
Très-jolie lettre.... Il y a longtemps que je vous reproche ces coquette-
ries lourdes, aussi bien que l'injustice qu'il y a me reprocher ma fai-
blesse, sans avoir voulu éprouver mes forces... Tous vos défauts ont
des charmes, jugez de ce que cela fait avec beaucoup de talents de
plaire: vous savez rendre les paradoxes vraisemblables, vos contradic-

tions plus délicieuses que la complaisance des autres, la déraison même quelquefois très-aimable, enfin vous avez l'art d'embellir toutes choses....

43. LE MÊME.

L. aut. à la même, Paris, le 24, 7 p. in-4.

Jolie lettre dans laquelle il lui fait une longue et plaisante description d'un dîner où il s'est trouvé à la conciergerie... Pourquoi ne suis-je pas Boileau, ou que ne s'est-il trouvé à un pareil repas...

44. LE MÊME.

L. aut. à la même, Fontenay, le 3 juillet 1710, 4 p. pl. in-4, avec 4 lignes de corrections de la main de La Fare.

Très-jolie lettre. Il attendait quelque grand événement pour lui écrire. ...Depuis huit jours je suis devenu totalement sourd, plus sourd que M. de V. Vous m'aimeriez peut-être mieux muet, mais j'y perdrais trop si je ne vous entendais plus, et vous y gagneriez trop si je ne parlais plus... C'est une chose admirable de nous voir Mme de Chaulieu et moi, criant à tue-tête pour former une conversation, dont encore la moitié nous échappe, quoique le reste des gens nous entendent d'aussi loin que les batteries devant Douai...

45. LE MÊME.

Très-jolie pièce de vers aut. à la duchesse de Bouillon, avec ratures et corrections. 2 p. pl. in-4.

46. LE MÊME.

Curieuse invitation à dîner. 6 vers aut. avec ratures et corrections. 1 p. in-12.

47. LE MÊME.

Epigramme en vers contre *La Chapelle*. 10 vers aut.

48. LE MÊME.

Vers à sa maîtresse et sonnet de Scévola. Pièce aut. 1 p. 3/4 in-fol.

49. LE MÊME.

Fragment du satyricon de Pétrone, traduit par Chaulieu, *entrée d'Eutrope à Naples, la suivante et la grande dame.* Manuscrit aut., avec ratures et corrections. 4 p. 1/2 in-fol.

50. CHAULIEU (l'abbé de) et *La Fare*, poëtes, dont les œuvres ont été publiées collectivement.

Manuscrit de leurs œuvres en vers et en prose avec des ratures et des corrections autographes de chacun d'eux, 221 p. in-fol., le dernier feuillet contient une pièce de vers autographe de l'abbé de Chaulieu, qui paraît ne pas avoir été imprimée. 1 p. in-fol.

Il manque malheureusement à ce manuscrit qui est dérelié les 15 premières pages.

Les corrections autographes de La Fare forment environ une 1/2 p. Ces lettres sont de toute rareté.

51. CHOLÉRA. Documents et correspondance relatifs à ce fléau en 1832 et 1834, 14 pièces sig. par *Larrey* et *Desgenettes.*

52. CLEREMBAULT (le mis de), lieutenant-général, fils aîné du maréchal.

L. aut. sig. à l'abbé de Chaulieu, au Dillon, 21 juillet 1694. 2 p. 1/4 in-4.

Très-jolie lettre. Je suis très-sensible au souvenir de Mlle de Lanclos. Je la crois trop de mes amies pour avoir donné une idée de moi que je ne puisse point soutenir... Elle n'a point d'ami qui s'intéresse plus à ce qui la touche que moi...

53. **COLINI** (Come-Alexandre), savant italien, secrétaire de
Voltaire.

> L. aut. sig. à Voltaire. Mannheim, 18 mars 1774. 3 p. pt.
> in-4. Cachet.
> Très-jolie lettre dans laquelle il l'appelle son cher bienfaiteur : ..Vous
> me dites que vous avez quatre-vingts ans, mais on doit désirer que le
> défenseur de l'humanité, que le fléau de la superstition, que le bienfai-
> teur des Calas, des Sirven, et le mien vive encore longtemps...

54. **COMITÉ DE SALUT PUBLIC**, ans II et III, 4 pièces
signées *Barère, Collot d'Herbois, Carnot, Billaud Va-
renne, Vadier, Legendre, prieur, Fourcroy,* etc.

55. **CONDÉ** (Louis de Bourbon, prince de), dit *le Grand*.

> L. aut. sig. à M. de Valençay. 1/2 p. in-4. Cachet. Détails
> militaires.

56. **CONDILLAC** (l'abbé de), philosophe, né à Grenoble.

> L. aut. sig. au duc de Nivernais. Mars 1764. 3 p. in-4
> Jolie lettre avec la réponse du duc au dos.

57. **CONSTANT**, valet de chambre de Napoléon.

> L. aut. sig. Saint-Cloud 1811. 1 p. in-4.

58. **CONVENTION NATIONALE** (membres de la). Trois
lettres.

> Albitte. L. aut. sig. à Saliceti. Nice, an II. 1 p. 1/2 in-4.
> — Chateauneuf Randon. L. sig. à Robespierre jeune, Ricord
> et Saliceti. Montpellier, an II. 2 p. in-fol. — Monestier. L.
> aut. sig. à Gauthier. Clermont 1790. 3 p. in-4. Curieuse. —
> Saliceti. L. aut. sig. à Arrighi. Gênes, an XI. 2 p. 1/2 in-4.
> Vignette et tête impr. Jolie lettre. Ce lot pourra être divisé.

59. **CONVENTION NATIONALE** (membres de la). Trois
l. aut. sig.

> Debry (Jean). L. aut. sig. 1833. 2 p. 1/2 in-4. — Grégoire
> à Ginguené. 1 p. 1/2 in-4. — Réveillère Lepeaux. 1809. 3/4
> de p. in-8.

60. **COQUELEY DE CHAUSSEPIERRE**, avocat, censeur
et littérateur.

> L. aut. sig. à M. de la Reynière. 17 juin 1780. 1 p. in-4.
> Cachet. Lettre fort plaisante.

61. **COURTIN** (Nicolas), poëte, auteur des poëmes de *Char-
lemagne*, des 4 *fins de l'homme, de la nouvelle conquête
de la Franche-Comté*, etc.

> L. aut. en vers à l'abbé de Chaulieu. 1707. 2 p. 3/4 in-4.

62. **LE MÊME.**

> Pièce de vers aut. à Chaulieu, 3 p. 1/2 in-4.

63. **LE MÊME.**

> Ode aut. 3 p. 1/2 in-4.

64. **LE MÊME.**

> L. aut. en vers à l'abbé de Chaulieu. 29 juillet 1707. 2 p.
> 1/2 in-4. Cachet.

65. **COUTHON** (Georges), conventionnel, décapité avec Ro-
bespierre.

> L. aut. sig. à Gauthier Biauzat. Clermont, 5 juin 1790. 2 p.
> pt. in-4. Cachet.

Il le prie de protéger la communauté des maîtres perruquiers de
Clermont contre les usurpations des Chamberlants, ce qui les ruine.

66. DÉPUTÉS. Six l. aut. sig.

Bac (Th.). 1 p. in-8. — Cormenin. 3/4 de p. in-8. — Favre
(Jules), 1 p. in-8. — Girardin (Émile de). 1 p. in-8. — Ma-
bien Montjau. 3 p. 1/4 in-8. — Péan. 1/2 p. in-8.

67. DIVERS. Quatre l. aut. sig.

Considérant (V.). 1 p. pl. in-4. — Lamennais. 1 p. in-8.
tachée d'huile dans le bas. — Raspail. 1838. 1 p. in-8. —
Troplong, président du sénat. 1842. 4 p. in-fol. Belle lettre.

68. DIVERS. Cinq lettres.

Bernadotte, roi de Suède. L. sig. 1 p. in-fol. — David
d'Angers, statuaire. L. aut. sig. 1 p. in-4. — Dauzatz,
peintre. L. aut. sig. 3 p. 1/2 in-18. — Delacroix (E.). peintre.
L. aut. sig. 1 p. in-4. — Gardel, célèbre maître de ballets.
L. aut. sig. 3/4 de p. in-4.

69. DIVERS. Six lettres.

Caussidière. L. sig. 1848. 1 p. in-8. — Ducoux, préfet de
police. L. aut. sig. 1848. 1 p. 1/2 in-8. — Exelmans, m^al. L.
aut. sig. 1 p. in-4. — Girardin (Mme de). L. aut. sig. 1 p.
in-8. — Ida Saint-Elme, la contemporaine. L. aut. sig. 1 p.
in-4., et réflexions aut. sur ses mémoires. 1 p. 1/4 in-4. Ce
lot pourra être divisé.

70. DIVERS. Neuf lettres.

Balochi, poète. Pièce de vers aut. 3 p. — Houssaye
(Arsène). 1 p. in-8. — Michel, de Bourges, célèbre avocat,
pièce de vers aut. juillet 1815. 1 p. 1/2 in-8. Curieuse. —
Mocquard, secrétaire de Napoléon III. L. aut. sig. 1 p. in-8.
— Nogaret (Félix), poète. L. aut. sig. 1815. 3 p. in-8 et 6
vers aut. — Banquet de Molière. 2 pièces de vers aut. sig. de
Denis et *Bignon*, comédien. 1855. 8 p. in-fol. — Moline,
auteur dramatique. Programme de l'action de l'opéra des Da-
naïdes. Manuscrit aut. 7 p. 1/2 in-fol. — Palissot, auteur
dramatique. L. aut. sig. 1 p. 3/4 in-4.

71. DUCIS (J. F.), poète dramatique, de l'Acad. fr.

Fœdor et Mikalef ou la *Famille de Sibérie*, tragédie en
5 actes et en vers. Manuscrit aut., avec ratures et corrections.
126 p. in-4.

72. ÉCOUEN (château d').

Pièce signée par Lenglier, membre de la commission des arts de
Seine-et-Oise. Portant permis de circulation à un voiturier chargé de
conduire à Versailles diverses statues et bas-reliefs désignés dans la
pièce, et provenant du ci-devant château d'Écouen, et ayant appartenu
à l'émigré *Louis-Joseph Capet*.
Écouen, an II, 2 p. in-4.

73. ÉLISABETH, reine d'Angleterre, dite *la Grande*.

Pièce sig. sur vélin. 1561. 1 p. in-fol. en travers, au dos de
laquelle se trouvent les signatures de *François Bacon*, le
célèbre chancelier, lord *North* et autres membres du Conseil.
Dans la partie de droite de la pièce il y a une déchirure qui en-
lève quelques fins de lignes, mais la signature d'*Élisabeth* de *F. Bacon*,
de *North* et autres sont intactes.

74. GÉNÉRAUX. Quatre lettres.

Linois, amiral. L. sig. 3 p. in-4. — Moreau (V.). Pièce

sig. an VIII. 3/4 de p. in-4. Cachet. — Pichegru. L. sig.
an V. 1 p. in fol. — Trezel. L. aut. sig. Bone 1837. 2 p. 1/2
in-fol. Relative aux malades et aux blessés.

75. GÉNÉRAUX. Huit l. aut. sig.

Dembenski. — Despourneaux. — Lafayette. Lecourbe. —
Navarro. — Pépé. — Ravichio et Vaudoncourt. 8 p. in-4 et
in-8.

76. GÉNÉRAUX. Onze l. aut. sig.

Caffarelli (Aug.). — Oudinot. — Cornemuse. — Malher.
— Roguet. — Marion, etc. 20 p. in-4, in-fol. et in-8.

77. GOUVERNET (Réné de La Tour, seigneur de), l'un des
chefs des protestants en Dauphiné.

Permission signée aux consuls de Die, de lever une imposition ex-
traordinaire, «et ce le plus également et justement que faire se pourra,
le fort portant le faible», pour icelle employer à l'achapt de poudres et
balles, pour servir à la réduction des châteaux et lieux occupés par
nos adversaires et ennemis. Die, 28 septembre 1585.
1 p. gr. in-fol. *Rare.*

78. GUILLAUME III, roi d'Angleterre.

Ordre de paiement sig. contresig. par le c^{te} de *Carlisle,
H. Beyle, Richard Hill* et *F. Pelham*. 14 janvier 1701. 1 p.
in-fol. Très-belle pièce.

79. LE MÊME.

Pièce sig. sur papier. Contresig. par *Godolphin*, sir *Ste-
phen* et *Richard Hill*. 1701. 1 p. in-fol.

80. LE MÊME.

Pièce sig. le *prince d'Orange*, sur papier. 1688. 1 p. in-4.
Signature rare.

81. HENRI VII, roi d'Angleterre.

Pièce sig. Autorisation aux commissaires du comté d'Essex
d'obtenir un emprunt de 100 marks, pour frais de la guerre
contre l'Ecosse. 3e jour de décembre. 1 p. in-fol. Cachet.
Jaunie par le temps.

82. HUBER (Michel), littérateur et traducteur.

L. aut. sig. à M. Wille, graveur du roi. Leipzig 1770. 2 p.
in-4. Il parle de la mort de *Gellert.*

83. JACQUARD (Joseph), célèbre mécanicien, né à Lyon.

Pièce sig. avec 2 lignes aut. Accusé de réception de son
brevet de chevalier de la Légion d'Honneur. 13 octobre 1821.
1 p. in-4.

84. JACQUES Ier, roi d'Angleterre.

Pièce sig. sur papier. 1607. 1/2 p. in-fol. *Rare.*

85. JOMINI, général, célèbre écrivain militaire.

L. aut. sig. au citoyen Romey, Basle, 30 juillet 1796. 2 p.
pl. in-4.
Des difficultés qu'il a eues avec son patron, accompagnées de mau-
vais traitements l'ont engagé à le quitter, il demande à ce qu'on lui
procure un emploi dans une maison de banque de Paris. ...Hors ma
nourriture je me contenterai pour la première année de ce qu'on voudra me donner... Il termine sa lettre par des détails politiques.

86. KOCK (Paul de), romancier fécond.

L. aut. sig. 1 p. in-8. Portrait.

87. LAFFITTE (Jacques), ministre.

> L. sig. à Tissot 15 novembre 1824. 1 p. pl. in-4.
> Pressante recommandation en faveur d'Armand Marrast, qui, par ses talents, peut être employé dans une entreprise littéraire ou politique.

88. LAMETH (Charles, Alexandre et Théodore), généraux et députés.

> Trois L. aut. sig. 5 p. in-4 et in-8.

89. LA TREMBLAIE (l'abbé de), poëte.

> L. aut. sig. L. d. LT à Voltaire. s d. 3 p. in-4. Prose et vers.
> Très-jolie épître pleine de sentiments d'admiration. En tête de cette lettre se trouvent ces mots autographes de Voltaire : Lettre, l'abbé de La Tremblaie, depuis chevalier de Malte.

90. LAUZUN (Antonin Nompart de Caumont, duc de), maréchal de France, l'aimé de Mademoiselle.

> Quittance sig. sur vélin. 1703. in-8 en travers.

91. LEBLANC DE GUILLET (Antoine), poëte dramatique, membre de l'Institut, né à Marseille.

> Ode à Messieurs de l'Académie française. Pièce aut. sig. 1 p. in-fol.

92. LESDIGUIÈRES (F⁹ de Bonne, duc de), connétable de France, lieutenant-général en Dauphiné.

> Commission donnée au capitaine Chabanas pour lever les impositions mises sur diverses communautés du Dauphiné, d'une manière plus régulière, « afin de soulager le pauvre peuple desjà de sy long temps oppressé. » 14 oct. 1575. Signé Desdiguières. Au bas est un état des feux de chaque communauté, signé également Desdiguières.
> Cette pièce qui a 1 p. in-fol. en travers avec cachet en cire effacé, a été légèrement endommagée et collée sur une feuille de papier pour la préserver de la destruction.

93. LE MÊME.

> Il ordonne au nom des gentilshommes protestants, assemblés à la Mure, qu'une partie des biens ecclésiastiques de Die sera affectée à l'entretien « des soldats ordonnés pour la garde de Pontaix, Espenel, Chatillon et Dye. » Fait à la Mure en l'assemblée, le 11 août 1579.
> 1 p. in-fol. Pièce sig. en très-bon état.

94. LE MÊME.

> Autorisation accordée au consistoire de l'église réformée de Die de s'emparer, pour la reconstruction d'un temple, des revenus des biens ecclésiastiques de cette ville, et notamment de 800 écus promis par l'évêque « pour l'entretènement des ministres de la parole de Dieu. » Janvier 1586.
> 1 p. gr. in-fol. Cette pièce qui est signée Desdiguières, a été déchirée et quelques commencements de lignes manquent, néanmoins on peut suivre le sens du texte. La pièce a été collée sur papier blanc pour la préserver de la destruction.

95. LE MÊME.

> Don fait par Lesdiguières au capitaine Jehan de Chabanas, qui s'était chargé de la construction du temple de Die, des revenus ecclésiastiques de cette ville pendant trois ans.
> Cette pièce qui a 2 petits trous a été collée sur une feuille de papier blanc et est signée Desdiguières et contresignée par Chollier. Grenoble, 3 août 1594. 4 p. gr. in-fol.

96. LIGNE (Ch. J⁸, prince de), feld-maréchal autrichien, bel esprit, poëte et littérateur, auteur de Mémoires.

1° Charmante pièce de vers aut. à Mme de Crayen. Teplitz, 9 août 1819, 1 p. 1/2 in fol.

2° Cinq copies de lettres à lui adressées par Voltaire.

97. **LOUIS XI**, roi de France.

Pièce sig. sur papier, aux Montils les Tours, 21e jour de juillet 1474. 1 p. in-4.

Ordre de lever 6000 livres sur le Languedoc, pour *Tanneguy Duchâtel*, cte *de la Bellière*.

98. **LOUIS XV**, roi de France.

Distribution des cartes des petits appartements 1746 et 1747. Pièce aut. 2 p. in-8. Document curieux.

99. **LE MÊME.**

Note aut. pour des coupes de bois à faire à Versailles. 1763. 1 p. in-8 en travers.

100. **LOUISE-MARIE**, carmélite, tante de Louis XVI.

L. aut. sig. au garde des sceaux. 1774. 1/2 p. in-4.

101. **MAINTENON** (Mme de), femme célèbre par le rôle qu'elle a joué sous Louis XIV.

L. aut. sig. à la mse de Villette. Saint-Cyr, le 16 novembre. 2 p. 1/2 pet. in-4.

Charmante lettre. ...L'état de Mlle votre fille me fait beaucoup de peine, il faudrait la marier en Lorraine, où on prend, ce me semble, les demoiselles pour peu de chose, et afin qu'elle y soit heureuse, il ne faut pas lui faire voir Paris et la Cour...

102. **LA MÊME.**

L. aut. paraphée au mal de Schomberg. 1 p. 1/2 pet. in-4.

...Je ne doute point du crédit de Mme la princesse des Ursins sur la reine, et par conséquent sur le roi, et je ne doute pas davantage de ses bonnes intentions pour la France, mais il m'a toujours paru qu'elle aspire à une union si parfaite, qu'elle est impossible, peut-être est-ce moi qui ai tort...

103. **MARÉCHAUX DE FRANCE.** Deux L. aut. sig.

DUROC. L. aut. sig. 1 p. in-4. — LAURISTON. L. aut. sig. 1 p. in-4.

104. **MARIE-JOSEPHE DE SAXE**, femme du grand Dauphin, père de Louis XVI.

L. aut. sig. à son frère, le prince Xavier de Saxe, 3 avril 1758. 1 p. in-4.

Jolie lettre. ...J'ai déjà ordonné mon portrait pour vous. Si vous voulez un peu attendre, vous en aurez un plus ressemblant, parce que je me ferai peindre par un nommé Latour, qui ne manque pas un portrait...

105. **LA MÊME.**

L. aut. sig. au même. 2 janvier 1751. 3/4 de p. in-4.

Elle le félicite sur le succès de ses chasses, et termine par des compliments de nouvelle année.

106. **LA MÊME.**

L. aut. sig. au même. 1er avril 1751. 3/4 de p. in-4. Cachet.

Elle le remercie des compliments qu'il lui fait au sujet de sa fête, et est ravie qu'il se soit bien amusé pendant le carnaval.

107. **MARIE-JOSEPHE D'AUTRICHE**, reine de Pologne, mère de la précédente.

L. aut. sig. à son fils, le prince Xavier de Saxe. Varsovie, 11 juillet 1749. 1 p. in 4.

Elle le félicite sur ce que sa chute n'aura pas de suites fâcheuses, et

l'engage à être plus attentif une autre fois ; elle termine par des re-
proches sur sa mauvaise écriture.

108. LA MÊME.

L. aut. sig. au même. Varsovie, 1er juillet 1744. 3/4 de p.
in-4.

...Je souhaite que vous vous perfectionnez autant dans la vertu et
l'étude, que dans l'art de tirer au blanc...

109. MASSILLON (J. B.), évêque de Clermont, de l'Acad.
fr.

L. aut. sig. au c^{te} de Bissy, le 4 septembre 1737. 2 p. pl.
in-4.

Très-belle lettre sur la mort du cardinal de Bissy ; il sent trop bien
combien il importe que les derniers écrits du cardinal sur les affaires
de l'Église ne soient pas rendus publics. ...Je n'ignore pas que ces écrits
ont été communiqués à plusieurs évêques, mais je serais fort surpris
qu'il s'en trouva quelqu'un d'assez imprudent pour publier un ouvrage que feu M. le cardinal ne cessait de retoucher, et qu'il n'avait
pas encore mis apparemment au point où il le souhaitait, puisqu'il
n'a pas jugé à propos de le publier pendant sa vie... Puis viennent
ensuite des compliments de condoléances sur la mort du cardinal.

110. MAUBERT DE GOUVEST (J. Henri), capucin et littérateur, connu par ses aventures romanesques, né à
Rouen.

L. aut. sig. à Duchesne, libraire. Bruxelles. 23 mai 1760.
1 p. pl. in-4. Nouvelles littéraires. *Rare*.

111. MÉDECINS. Six lettres ou pièces aut. sig.

Gerdil, Marjolin, Pinel, Parquin, Recamier et Roux.

112. MINISTRES. Sept l. aut. sig.

Baroche. 3/4 de p. in-8. — Bixio. 1 p. in-18. — Delangle.
3/4 de p. in-8. — Dupont, de l'Eure. 3 p. in-4. — Fortoul.
1 p. in-8. — Marie. 1 p. in-8. — Regnault, de Saint-Jean-
d'Angely. 1 p. 1/2 in-4. Ce lot pourra être divisé.

113. MINISTRES ET DÉPUTÉS. Treize l. aut. sig.

Daru. 1706. 1 p. in-4. — Dupérré. 1829. 1 p. in-fol. —
Lacrosse. 1842. 1 p. in-8. — Maret, duc de Bassano,
2 lettres. 2 p. 1/2 in-4, etc.

114. MIRABEAU (le v^{te} de), député aux États généraux, co-
lonel-général de la légion qui porte son nom.

Projet de l. aut. sig. au roi (Louis XVI). Ettenheim, 25 juin
1791. 2 p. in-fol. Écrite au nom des officiers de la légion de
Mirabeau.

Il est expliqué qu'une légion française s'est formée pendant la capti-
vité de Sa Majesté, par les ordres et sous les auspices de la maison de
Bourbon. ...Nous avons pris le commandement de ces français libres au
nom des princes agissants pour votre auguste majesté captive. Nous
instruisions nos soldats à la servir, nous nous mettions en mesure de
coopérer à sa délivrance, mais nos cœurs pouvaient-ils être tranquille,
notre maître, notre roi était bien malheureux, et il était dans l'impuis-
sance de nous rendre le bonheur . La renommée nous a appris hier
le départ de votre majesté ; que d'inquiétudes sont venues troubler
notre espoir ; aujourd'hui nous ne pouvons plus en douter notre bon
roi, notre auguste reine, le précieux enfant de l'État sont libres, que
nous reste-t-il à désirer?...

115. MOUHY (Ch. de Fieux, chevalier de), romancier fécond,
né à Metz.

L. aut. sig. à Favart. Paris, 20 mars 1774. 1 p. pl. in-4.
Portrait. Jolie lettre. *Rare*.

116. **MURINAIS** (le c^{te} de), député du Dauphiné à l'Assemblée nationale.

> Quarante-huit l. aut. à sa femme, datées de Revel, de Grenoble et de la Sone, de 1770 à 1775, presque toutes avec cachets, contenant la matière d'un volume in-8., plus sept lettres de la c^{tesse} à son mari.
>
> Correspondance curieuse avec sa femme, qui soutenait à Paris un grand procès.

117. **MUSICIENS ET COMPOSITEURS.** Six l. aut. sig.

> Fisnnor, en allemand. 1 p. in-8. — Gavinies, morceau de musique aut. — Kalliwoda, allemand. 1 p. in-4. — Mosel, à Pertuis. 1846. 2 p. in-4. Jolie lettre. — Vivier. 1 p. in-8. Lot intéressant.

118. **NAPOLÉON Ier**, empereur des Français.

> L. sig. N à Lacépède. Bayonne, 17 juillet 1808. 1 p. 1/2 in-4. Relative à la maison d'éducation d'Ecouen.

119. **NAPOLÉON** (famille de) Cinq lettres sig.

> Bonaparte (Jérôme). 1 p. in-8. — Borghèse (le prince). 1 p. in-4. — Fesch, cardinal. 1/2 p. in-4, en italien. — Napoléon (Eugène). 1 p. in-4. — Murat, an XII. 1 p. in fol. Ce lot pourra être divisé.

120. **NEMOURS** (Marie d'Orléans, duchesse de), belle-fille de Mme de Longueville, auteur de *Mémoires*.

> Pièce notariée sig. 14 décembre 1680. 10 p. in-fol.

121. **OLIVET** (Thoullier d'), grammairien, de l'Acad. fr.

> L. aut. sig. O. avec paraphe à Voltaire. Paris, 3 juillet 1761. 2 p. pl. in-4.
>
> Relative au prospectus et à la souscription de l'ouvrage : *les Commentaires sur Corneille*, il lui annonce que le secrétaire de l'Académie a signé la souscription pour toute la compagnie, parce qu'elle n'était composée que de huit... Or, il n'aurait pas été honnête d'apprendre au public que nous étions un si petit nombre...

122. **OPÉRA** (Théâtre de l').

> Délibération signée par *Lays*, Mmes *Maillard, Saint-Huberty, Garaudan* cadette. *Menageot, Cheron, Francœur, Chardiny de la Suze* etc. 1 p. pl. in-fol.

123. **ORLÉANS** (Marie-Adélaïde d'), sœur de Louis-Philippe. 

> L. aut. à Mme d'Étrepagny. 8 février 1806. 2 p. 1/2 in-4. Cachet. Très-jolie lettre.

124. **PARLEMENT DE PARIS** (Mémoires sur les vies, mœurs, les bonnes et mauvaises qualités des membres du). 

> Manuscrit du dix-septième siècle. 88 pages in-4. Document intéressant.

125. **PIRON** (Alexis), poète dramatique.

> Charmante épître autographe à Mme de Vauchelles, qui avait accompagné d'un nœud d'épée, ses compliments sur Gustave
>
> Sur la même feuille, épîtres à la duchesse de Luxembourg. L'une d'elle commence par ces mots : Belle duchesse, excusez si Piron...
>
> En tout 4 p. in-4. 1734.

126. **LE MÊME.** 

> Pièces de vers aut., dont une à Mlle *Depoix, fille de quatre vingt quatre ans*, signée *le berger Alexis, berger du Lignon.* 2 p. in-4

127. **LE MÊME.**
 4 épigrammes aut. 2 p. in-4. 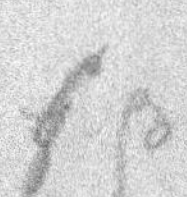

128. **PITT** (William), c^{te} de Chatam, célèbre homme d'État anglais.
 Pièce sig. 1750. 1 p. in-fol. Tachée d'humidité. *Rare.*

129. **POÈTES ALLEMANDS.** Quatre lettres.
 Auerbach (Berthold). L. aut. sig. 1 p. in-8. — Holtei. L. aut. sig. 1827. 2 p. in-4. Relative à Mlle Sontag. — Kind (J. Fr.). L. aut. sig. A., 2 p. in-4, avec portrait. — Ruckert. Pièce de vers aut. 3 p. 1/2 in-4.

130. **RAMSAY** (André-Michel), littérateur et historien anglais.
 L. aut. en anglais à Voltaire. 4 p. pl. in-fol.
 Très-belle lettre remplie de détails littéraires et de sentiments d'admiration.

131. **ROLAND** (J. M.), ministre de l'intérieur.
 L. aut. sig. au Comité de surveillance. Paris, 10 mai 1792. 3 4 de p. in-4.

132. **SAINT-FLORENTIN**, ministre.
 1° L. sig. à Voltaire. Compiègne, 14 juin 1767. 3/4 de p. in-4.
 ...J'écris à M. de Gudane, qui commande dans le pays de Foix, de parler au sieur de la Beaumelle, de manière à l'obliger de se tenir en repos et de vous y laisser...
 2° Copie d'une épître à La Beaumelle, avec une correction de la main de Voltaire. 2 p. in-4.

133. **SAINT-LAMBERT**, poète, de l'Acad. fr.
 L. aut. à M. de Vaux. A Lunéville, du camp de Puzzuolo, 15 mai. 3 p. pl. in-4. Déchirure faite par le cachet.
 Très-curieuse lettre sur sa liaison avec Mme de Graffigny, qu'il désigne sous le nom de *Célimène*, détails étendus à ce sujet. Je te remercie de tes petits vers, l'épitaphe de Piron est très-bonne, continue toujours tes bontés, littérature, anecdotes de la cour, galanterie, amitié, tout est bon de ta main, tout m'amusera. J'ai un compliment à faire à l'Académie, à Voltaire et à toi, mais tu me le rendras. L'abbé Leblanc m'a fait rire... Il termine ensuite par des nouvelles de l'armée.

134. **LE MÊME.**
 1° Notes aut. au libraire Agasse, relatives à son ouvrage *Des principes et des mœurs*, 22 juillet an XI. 2 p. 1/2 in-fol.
 2° quittance sig. 1785. 1 p. in-4.

135. **SAINT-PIERRE** (H. Bernardin de), auteur de *Paul et Virginie*, de l'Acad. fr.
 L. aut. sig. à sa femme. 1808. 2 p. in-8.

136. **SAND** (George), romancière et auteur dramatique.
 L. aut. sig. *La mère Ragot* à M. Caron. 1 p. in-8.
 Très-jolie lettre, terminée par ces mots : «Adieu, bonsoir, portez-vous bien et attendez-moi jeudi pour vous donner des calottes...

137. **LA MÊME.**
 L. aut. sig. *Aurore* au même. Nohant 1823. 2 p. pl. in-8.
 Jolie lettre terminée par une l. aut. sig. de Casimir Dudevant, son mari.

138. **LA MÊME.**
 L. aut. sig. *Aur.* au même. 4 p. in-8.
 Détails intéressants sur divers sujets.

139. **LA MÊME.**
 La soirée administrative ou le sous-préfet philosophe.

Chanson aut. contre le sous-préfet de la Chatre. 7 couplets. 2 p. in-8. *Curieuse.*

140. SIMON (Mlle), depuis Mme *Riboutté*, actrice de la Comédie-Française.

L. aut. sig. à André Dumont, conventionnel. 2 p. in-12. Elle lui demande des renseignements sur l'affaire du citoyen d'Aumont, elle veut savoir si le danger est passé pour lui.

SIMONS-CANDEILLE (Mme), poëte et auteur dramatique.

L. aut. sig. 1815. 3 p. in-8. Jolie lettre.

141. SIRVEN (Pierre-Paul), feudiste à Castres, accusé du meurtre de sa fille, déclaré innocent par arrêt du Parlement de Toulouse.

1° L. aut. sig. à Voltaire. Toulouse, 27 novembre 1771. 4 p. in-4.

Belle lettre... Je vous dois la vie, et plus que cela, le rétablissement de mon honneur et de ma réputation, le parlement me jugea avant-hier, il a purgé la mémoire de feu mon épouse, et nous a relevés de l'indigne accusation imaginée par les fanatiques Castrois. Votre nom Monsieur, et l'intérêt que vous preniez à ma cause, ont été d'un grand poids. Vous m'aviez jugé et le public instruit n'a pas osé penser autrement que vous. En éclairant les hommes vous êtes parvenus à les rendre humains...

2° NIQUET, premier président au Parlement de Toulouse.

L. sig. à Voltaire. Toulouse, 27 novembre 1771. 3 p. 1/2 in-4.

Il lui annonce qu'il a été rendu le 25 novembre 1771, sous sa présidence, un arrêt qui relaxe Sirven de la calomnieuse accusation portée contre lui... Vous avez pris tant d'intérêt dans cette affaire, que je suis persuadé que vous en apprendrez avec plaisir la décision... Il entre ensuite dans quelques détails sur l'arrêt rendu contre *Calas*, et il approuve la décision des juges.

3° Copie de la main de *Sirven* du mémoire qu'il remit à ses juges. 10 p. in-4.

4° Copie de la main de *Sirven* des consultations des médecins qui ont examiné le corps de sa fille. 3 juin 1769. 6 p. 3/4 in-4.

5° Copie de la main de *Sirven* d'un autre rapport, avec remarques des médecins qui se sont livrés à l'examen du cadavre de sa fille. 31 juillet 1769. 6 p. in-fol.

Dossier extrêmement curieux.

142. STAEL (la baronne de), célèbre prosatrice.

L. aut. à Mme Charrière de Zenigle, Coppet, 2 p. pl. in-4. Enveloppe et cachet.

Très-jolie lettre de compliments sur les ouvrages de Mme Charrière.

143. TURENNE (le v^{te} de), maréchal de France.

L. aut. sig. au c^{te} de Bissy. Ce 23 octobre. 1 p. pl. in-8. Cachet.

144. VATAR (R.), homme de lettres, rédacteur en chef du *Journal des hommes libres*, déporté à Cayenne.

L. aut. sig. à Tissot. Cayenne, 1er août 1821. 2 p. pl. in-4.

Très-belle lettre toute politique, où il s'indigne qu'on n'ait pas respecté le testament de Napoléon.

145. VOLTAIRE (M. Arouet de), le plus grand génie littéraire de la France.

L. sig. *V.*, à Lekain, avec 2 vers autog. 1 p. 1/4 in-8. Prose et vers.

Très-jolie lettre contenant des changements à faire à une de ses tragédies.

146. LE MÊME.

L. sig. *Volt.* à M. de Vaux. A Postdam, 7 octobre 1750, 2 p. pl. in-4.

Très-jolie lettre. ...Il y a huit mois entiers que je ne suis sorti de ma chambre que pour aller dans celle du roi. Je suis son malade, comme Scarron était celui de la reine... Il se plaint ensuite de ce qu'on lui a volé des matériaux pour l'histoire depuis Charles-Quint jusqu'à Louis XIV...

147. LE MÊME.

L. sig. *V.*, à l'abbé de Voisenon, 3 février 1773. 4 p. 1/2 in-4.

Charmante lettre relative à un libraire, dont il se plaint qui a défiguré les *lois de Minos...*. Vous me direz qu'il est très-ridicule à mon âge de faire des pièces de théâtre. Je le sais bien, mais il ne faut pas reprocher à un homme d'avoir la fièvre. Que voulez-vous que l'on fasse au milieu des neiges si ce n'est des tragédies ?...

148. LE MÊME.

Lettre à Tiriot, terminée par douze lignes aut. 3 p. in-4. Cachet.

Superbe lettre ou il le lance vertement sur ce qu'il a écrit à Mme Du Chastelet, en ce qui concerne l'abbé Desfontaines, il en demande la rétractation et fait valoir l'amitié qu'il a pour lui. Vient ensuite une tirade contre l'abbé Desfontaines. ...Tout le monde est indigné ici de l'exemple de don Prevost que vous citez toujours. Quand quelque don Prevost aura refusé 10 mille livres de pension d'un prince souverain, quand il aura donné quelquefois et partagé souvent le prix de ses ouvrages, quand il aura donné des pensions à plusieurs gens de lettres, quand il aura fait des ingrats et la henriade, alors vous pourrez citer don Prevost, n'en parlons plus ! ...Dans le post-scriptum de sa main il revient encore sur la lettre écrite à Mme du Chastelet.

149. LE MÊME.

L. aut. sig. V., à M. de Vaux, qu'il appelle son cher *Pan-pan*, 1751. 3 p. in-8.

Très-jolie lettre écrite lorsqu'il était auprès du roi de Prusse. Il parle du roi Stanislas, de Mme de Boufflers et de Mme de Bassompierre.

150. LE MÊME.

Pièce avec 3 lignes aut. 1 p. in-8.

Copie de la déclaration de l'abbé Des Fontaines, portant qu'il n'est point l'auteur d'un Libelle imprimé, qui a pour titre : la *Voltairomanie*, et qu'il le désavoue en son entier. Paris, 4 avril 1739. Sur cette pièce on trouve ces mots de la main de Voltaire. *Déclaration de l'abbé Gros Des Fontaines à la police*. Les mots *Voltairomanie* et le nom *Voltaire*, à la fin *signé Des Fontaines*. *L'original entre les mains de M. Héraut.*

151. LE MÊME.

L. aut. écrite au nom de Thierrot et adressée à M. de Voltaire, chez M. Fakener, à Londres. 2 p. in-4. Cachet. 2 brûlures en tête et en queue, mais n'empêchant pas de lire.

Cette lettre est relative à l'abbé Des Fontaines qui a fait un Libelle contre Voltaire, et contrefait une édition des lettres de Mme de Sévigné, il lui annonce ensuite la mort de Mme de Prie.

152. LE MÊME.

Curieux mémoire. 4 p. pl. in-4, en tête duquel on trouve ces mots de la main de Voltaire: *Réponse aux lettres que Maupertius a écrites à Paris contre moi*. A la fin du mémoire ces autres mots: *J'ajoute que Maupertuis a écrit cent lettres dans toute l'Europe, pour m'accuser d'avoir abusé de la signature du Roi. Quelle calomnie et quel philosophe !*

153. LE MÊME.

Copie de la main de *Wagnière*, son secrétaire, de l'acte qu'il a fait signifier contre la procédure criminelle dirigée contre lui, à propos de la démolition de l'ancienne église de *Ferney*, chose à laquelle il avait été autorisé pour bâtir une nouvelle église.

Mai 1764. 3 p. 1/4 in-fol. Au dos de cette copie on trouve ces mots de la main de Voltaire: « Acte contre les procédures illégales du procureur du Roy et promoteur, à eux signifié, mai 1764. »

154. LE MÊME.

Cahier de notes et remarques, contenant 58 feuillets écrits, soit 116 pages, 51 sont en entier de la main de Voltaire, le reste a été dicté par lui et contient des corrections autographes.

Ce manuscrit est précieux en ce qu'il contient un grand nombre de recherches historiques faites par Voltaire, il tenait beaucoup à ce travail, ainsi que l'indique une note raturée de la main de Wagnière, portant : *Je prie qu'on en ait soin, n'ayant point de double.*

155. LE MÊME.

Cahier de diverses notes historiques autog. 13 p. in-8.

156. LE MÊME.

Cahier de notes autographes de Voltaire (format d'agenda). 48 p. in-8.

Toutes ces notes sont relatives à ses travaux littéraires, beaucoup d'elles sont en anglais.

STRASBOURG, TYPOGRAPHIE DE G. SILBERMANN

Strasbourg, typ. de G. Silbermann

www.ingramcontent.com/pod-product-compliance
Lightning Source LLC
LaVergne TN
LVHW011037050726
842519LV00004B/1421